Los cantos de Pandora

CARLOS I. NARANJO

Los cantos de Pandora

bokeh ✳

© Carlos I. Naranjo, 2019

© Fotografía de cubierta: W Pérez Cino, 2019

© Bokeh, 2019

Leiden, NEDERLAND
www.bokehpress.com

ISBN 978-94-93156-10-4

Este libro es para mis dos madres: mi madre bioló-
gica, Virginia Pacheco, que con tanta paciencia me
ha visto madurar y deja su impronta en la masa de
estos versos, y para mi mamá poeta, Lilliam Moro,
que desde mis primeros pasos serios en la poesía ha
estado presente y me ha llevado de la mano con
sus acertados consejos. También es para Yailier R.
Milanés, que agrega sal a mis letras en el día a
día, con su persistencia en recomponer mi corazón.

I.

Sinfonías en mi cabeza

A una pregunta de Ana Ajmátova

Y quién es la bestia, quién el ser humano.

Ana Ajmátova

El hombre es el extraño animal
que abandona la cría a las puertas de Dios
y anega su negra madriguera con el trigo
para enfrentar un crudo invierno que nunca llega.
Despierta un día de nubes
arrancando los ojos de los hijos
y los devora como el Tiempo
para que nadie le arrebate el cetro.

El hombre parapeta un ramo de ideas en las altas trincheras.
Expurga a los que siembran opiniones de irregulares bordes.

Vocifera junto a la soledad de la última bestia de alguna especie.
Adorna con flores, guillotinas y cámaras de gas para la suya.

Ama al perrillo de extraviados ojos.
Ignora los ojos del hambre.

Embadurna telas con la belleza del silencio.
Mancha sus manos con la sangre de la Verdad.

Ana Ajmátova,
el hombre,
la bestia.

Deconstruyendo a «Mujer con alcuza»

con Dámaso Alonso

Una mujer con alcuza
se yergue ante la noche.
Nada le agobia,
desgrana con sus dedos las palabras del viento
y bcsa los corazoncs
que crecen al borde de la acera.
Anda tatuando en sus palmas
el nombre de cada rincón
y busca la pausa de la luz.

Su brazo se ha fundido a la alcuza
que ahora es estrella
y ella sigue,
noches y días,
días y noches,
y muchos, muchos días
y otras tantas noches,
sigue adelante por campos en flor
y besa la frente de la bestia vencida
a la orilla del andén.

Podrían ser las sombras que le acompañan
lo que aterra al sujeto,
al mozo de tren y al mendigo,
al transeúnte efímero que no saluda
y a la anciana de blancos ojos en la banca.

A la mujer con alcuza
casi nadie la conoce.
Desentierra los cadáveres
con la punta de su pulcro zapato;
los acaricia,
les canta unas tonadas de antaño.
Son sus hermanos,
les sabe dulces en su sueño de muerte.

La mujer es la alcuza,
nunca duerme, no quiere,
ya no grita, ni llora asomada a la ventana,
no hay vestigios de gris en sus ojos ni en su manto.
Irradia en la oscuridad
con la magia de algún insecto,
sabe que la felicidad es un estado de ánimo
y encumbrada,
rompe con amor las palabras que trae el viento.

La mujer de la alcuza
se asoma en la noche,
sonríe
y los pájaros se posan sobre ella.
La hora tiembla,
las piernas, la voz también,
los naipes caen.

Haiku 1

La hora tiembla,
las piernas, la voz también.
Caen los naipes.

Homofobia

con Federico García Lorca

El día va redondo, sin aristas,
ni visitas inesperadas de un pariente distante.
Es la tarde por cuyo vaticinio
pagaste unas monedas en la feria,
la mano, cálida en la funda de otra robusta mano,
el perfume en el alma de unos ojos.
La noche trae también sus promesas,
alguna frase imprescindible enredada en el pelo.
¡Ah, pero la luna!
La luna calla en el filo de los techos.
Empieza el primer acto en la *Casta Fiore*,
aplaudes el rictus, la voz amanerada,
la mesera que viene y va vendiendo sueños.
El acto segundo derrota al primero,
y mientras cortas el pan con el cuchillo
sientes la frase encajarse en tu carne:
¡maricones!
Estallan las copas,
la jarra de sangría y los vitrales del fondo.
Algunos vidrios abofetean las mejillas,
los más grandes rajan en dos el pecho
y te sientes
con la tristeza de un guante olvidado
en la escalera del metro,
con la misma soledad
de una vieja torre en los campos de España.

Enfrentas los ojos acusatorios:
ebrios andan de la palabra macho.
Te observan con inocua impertinencia,
y ya el calor de la otra mano no basta.
Madrid era el supuesto fin del viaje,
pero allí también la luna acecha
y vuelve a ser teatro abandonado
(Lorca desangrándose)
sin cantos, ni luces, ni mucho menos flores.

Janusz

A Janusz Korczak

¿Qué es el amor más elevado, sino una pie-
dad devoradora?

Rafael Barrett

Cien, más noventa, más dos gritos,
voces de júbilo al llegar la pálida sopa a los magros estómagos,
gritos de andrajos jugando en el patio del orfanato,
el frío de Varsovia se disipaba con el beso de buenas noches.
¿Cómo abandonar el cariño abandonado?
¿Al diminuto resto de Dios?
Había que prolongar la risa en el gueto,
simular que la vida no corta el aliento como una navaja oxi-
        dada.
Dibujabas la esperanza del vuelo del pájaro,
incluso el día del acto final:
«¡Que te salgas, demente!».
¿Pero cómo renunciar a los ya abandonados por Dios
cuando puedes nombrar la muerte: Treblinka?
Alguien tenía que rendirles cuentas,
matar el horror a fuerza de sonrisas,
disfrazarlos con las mejores ropas y tomarlos de la mano,
decir la última palabra:
Mi calma es tu calma,
Mi amor es tu amor,
Mi vida, tuya.

Al volcán Pichichincha

A Jesús Melo por ser compañero de aventura

La montaña cavila
en su rigor diario
de abrir al viento en dos
y observar desde su soberbia
el racimo de casas en sus faldas.
En las noches
se disfraza de luna
y sale a hablarle al Profeta.

La montaña truena,
en sus hieráticos flancos
muere el ciervo en las fauces de la bestia
y la bestia en las manos del hombre
y estos, en la avaricia de otros,
quiere gritar,
decirles que en Asís
no les perdonarían semejante falta.

Pero ni el Profeta ni su dios
le han dado voz.

La montaña se inclina al sur
se derrumba sobre el flanco
y la persistencia incontenida
de sus urbanizaciones.

Sobre Guernica

En las trincheras no hay ángeles.

Charles Bukowski

El toque de queda
fosiliza a la razón con sus ojos de Gorgona
mientras se erizan los pelos de la nuca
del perro del guerrero.
Un hombre corre
con los ojos lamiendo el suelo
mientras al borde del brocal
queda rezagado el llanto de la anciana.

Las bombas fuerzan el paso
por entre los sueños de la ciudad
mientras alaban en aquelarre al siniestro,
luego, un único aullido.
Los cadáveres ocultan la sangre
donde nadie la vea.
Hay vivos maldiciendo la vida,
y nada se salva,
testigos son los ojos y las manos
suplicando sobre la fría tierra.

Las mujeres,
como las de Sión,
alzan sus voces al Dios de Babel.

Haiku II

Tiemblan los pinos
en el blanco horizonte,
calla la tarde.

Dolor en el pecho

con San Juan de la Cruz

Dolor en el pecho,
un ardor donde la voluntad gotea.
De pronto se embalsan los ojos,
y nos distanciamos de la rutina,
de la mugre y las calamidades.
Son esos destellos divinos
que nos acercan al fin
de un comienzo firme.
Entonces, todo tiene sentido,
incluso la llaga en flor
y la sonrisa desgarbada
del pordiosero.

¡Dichosa ventura de un alma sosegada!
La vida derramando perfume
a los pies de una voluntad absorta.

Rutina

Retorno a los bordes de la madriguera
con la frenética autonomía
de la cola del lagarto
retorciéndose ante el peligro.
Los pies muerden los repetidos pasos en la acera,
un perro ajeno ladra,
la llave ronca en mi mano,
dos vueltas,
nunca sé si a la derecha o si al lado más cercano al tedio.

Revoloteo entre las gastadas sombras,
el camino hacia el cuarto de baño siempre invita,
retorno a la vida por unos escasos minutos
y en ocasiones
seduzco a un ángel
para que frote mis espaldas con una nube de vapor
mientras canturreo algún aleluya de Bach.
Luego del derrame de la blanca bilis,
el ángel siempre se desvanece.

El traslucido tazón de avena
suspira en la mesa,
donde un libro entreabre sus muslos.
Me ha estado esperando,
y lo abrazo,
lo hago mío,
penetro en su mundo sin violencia,

por varias horas damos lo mejor de nosotros
y terminamos exhaustos
cada uno en su lado del lecho.

Y sueño con regresar al día siguiente
al furtivo rincón
donde la luz no se ofusca
y soy cuerpo, no cola,
y el llavín, como el libro,
sonríe a la primera insinuación.

Haiku III

La lluvia muere,
el polvo arropa al jardín,
sueña la vida.

Corpus Cristae

A Barbara Rose

> Noche feliz entre dos seres cuando la hora de las
> sombras los empuja uno dentro de otro.
>
> Alberto Acosta Pérez

Naciste a medias
en un cuerpo que pertenece a otro.
Los senos que asoman de él los aprietas hacia adentro
en el mar de tu pecho.
Aprendiste a caminar recto por las calles,
a bajar los ojos cuando un chico sin camisa
te arrojaba una mirada larga, cálida, agitada
como tu pulso.
La voz de contralto la dejabas guardada en casa.
Eras el reverso de un dios hecho hombre,
la otra cara de la moneda
pero ensangrentada luego del puñetazo.
Eras la tristeza más allá de la tristeza.

Has muerto a medias,
marchaste de casa,
sigues vistiendo las incómodas ropas,
pero abusas del agua de rosas y del maquillaje.
Los senos se malograron
aunque sigues soñando con ellos;
encontraste a quien solo levanta la mano
para aplaudir cuando cantas el *Lascia ch'io pianga*
y ahora le sostienes la mirada a cualquiera,
le haces seguir tus pasos.

Hay una paz extraviada,
un tiempo no recuperado,
el dolor escondido entre los párpados de Jano,
la crepitante necesidad de derrotar la mentira
del personaje impuesto.
No es posible el cambio,
a tu edad se acepta el dulce olor de la decadencia
porque tú nunca has creído en la buena suerte.

La rígida sonrisa

A John Faber

Lo hallaron pendiendo de una cuerda,
como cuelga un abrigo viejo de un clavo en la pared,
los ojos reventados de tristeza,
la rígida sonrisa.

Buscó la paz en el abrazo del agua
pero el sollozo siempre sale a flote.

Le encontraron burlándose del mundo,
la lengua desafiando el silencio,
las manos agarrando sabrá dios qué misterio.

He de morir a filo de cuchillo

La muerte no se reparte como si fuera un bien.

Juan Rulfo

He de morir a filo de cuchillo,
con la mano sorprendida por la ofensa,
la vista fija en la escarcha de la frente del agresor.
No será de bala,
no habría tiempo para ver el reflejo en sus ojos
y espetar en un buche de sangre *Et tu, Brute?*
No será realmente una sorpresa
el dolor colándose por los delgados tajos
pero al dolor, a ese bien le conozco:
será el momento, inusual, la premura del gesto,
una escena demorada por el lente.
Podré saborear mil olores,
notar la hoja cayendo en el pavimento,
los cientos de sonidos que crujen por entre los edificios.
La causa será desconocida según las noticias,
hablarán de pasiones y vicios ocultos
y recogerán su saldo al final del día.

He intuido siempre la razón del puñal,
el porqué se encaja en la carne una y cuarenta veces,
pero me sobrevendrá un ataque de silencio eterno,
como cuando niño descubría las verdades feas.

N.Y.

Desfiladeros de cal aprisionaban un cielo vacío
donde sonaban las voces de los que mueren bajo
el guano.

Federico García Lorca

En las calles de New York
nadie escapa de las sirenas.
Emergen del metro, reptan por los rascacielos,
invaden hogares y oficinas,
se multiplican en los *alleys*,
azotan sin piedad Time Square
bajo la insolencia de las pantallas.
Eres un extra en una escena de Hollywood
sin final feliz.
Las sirenas,
logras despistarlas
pero siempre llega un eco sordo
y la inevitable desazón.
Son la fanfarria del circo de acero y canto
es la muerte clonándose en sus arterias,
arrastrando todo a su paso hacia al Hudson,
al homeless, al turista, al banquero.
El vecino ya no se asusta,
se ha acostumbrado a las ratas,
a ignorar la mano extendida.

Credo

Comienza haciendo lo que es necesario, después
lo que es posible y de repente estarás haciendo
lo imposible.

San Francisco de Asís

No queda de otra, hay que saltar,
agitar las manos,
cortar el nudo gordiano de mi lengua,
empuñar el cinismo heredado de mi padre.
Tengo que ser raíz y savia,
la sangre que calienta el piso inocente del cadalso.
Ser el barco prendido a su carga,
el ruido del mar en la celda del preso,
la sombra de la palma en el desierto,
el crujido del pan salido del horno.

Levadura, más bien maná:
no, no soy de los elegidos,
agua arrebatando la esencia de unas batatas
en la mesa del pobre,
el húmedo algodón en la boca del moribundo,
el vaso de cristal frente a la foto de mis muertos.

Risa,
la risa de niño en el patio,
el blando llanto de la anciana cuando recuerda
el primer revoloteo del águila,
el olor del césped recién cortado.

Tengo que ser la sangre de la cínica lengua del moribundo,
sus ojos que miran quietos,
finalmente, en paz.

Segundo movimiento

con Philip Glass

Abres la puerta,
inhalas la absoluta ausencia de colores y sonidos,
bajo el abrazo cerrado de la nieve.
Un pie y otro se hunden,
las espinas del hielo asaltan la piel desnuda.

Un hilo plateado tira de ti,
algo que ha muerto y no puedes replantarle,
o quizás vive y no sabes qué hacer.
Pretendes acallarle en el frío,
que tirite fuera de la hoguera del pecho.

Ya no va a despertarte la risa del que juzgabas eterno,
han marchado el ser único y su voz.
Queda un murmullo de huesos
y la paz de unos tizones encendidos.

II.

Trovas del mar

Volver

a mi abuela Juana M. López Mustelier

El avión rompe las primeras nubes.
Te enfundas en el asiento
mientras observas el mundo a tus pies:
las minúsculas edificaciones,
los dedos apretados de los sembrados,
el verde necesario de las palmas.
Un bolero se desliza por el cable de los audífonos,
la azafata reparte jugos y sonrisas,
estiras la mano para alcanzar algún bocadillo,
pero sabes que no es hambre este dolor,
que no podrás aplacarlo con solo alzar la mano.
La abuela sigue llorando en la puerta,
«solo quería morir a tu lado».
La familia queda revoloteando
como las aves que acompañan siempre la muerte,
los colores se han evaporado.
y ningún diálogo tiene sentido.

Cada rincón palpado custodia un recuerdo.

Dejas atrás los muros podridos,
y al amigo que pretende doblar los años,
hacer un barco para jugar en el arroyo
aunque le digas,
le grites que hace mucho no corre el agua por la acequia,

que la vida es de acero, de mármol,
jamás de papel.

Paisaje

Una red de railes desangra el vientre del bosque.
Avanzan solos,
se evitan a distancia precisa.
Hace mucho que han perdido su propósito,
solo los ciervos pastan entre ellos
y la chica solitaria de extraño acento
que escapa
hacia el amparo incierto de los lejanos edificios.

La Culpa

El tirano predica que Dios ha inspirado sus obras.
Yo no dejo de pensar en el pobre Dios
flagelándose con semejantes culpas.

Pies hechos de agua

A mi padre, que habita en mis dedos

El todo se ha viciado de ausencias
dos cráteres en el rostro
mientras el telón se derrumba
y ángeles de verde
abren desesperados las alas
en torno a tu cruz de sueros y pantallas
mientras tu alma se inquieta
y se va arropando de luz.

La tatuada sonrisa
ha disuelto la corona de agujas
en la savia de tus arterias.
Manos lacradas con silencios
rompen la tregua
que noventa millas impusieron.

No me olvides allá donde vayas,
no te alejes
que se me ha vedado el paso,
que se niegan a obedecer
estos pies hechos de agua.
Espera por mí sentado en una nube,
que yo,
de voluntad diminuta,
partiré para que me nombres las estrellas.

Sin notarlo,
domaremos el camino que no acaba
con sueños aún no cascados,
con la risa que mordía nuestras tardes.

No volveré a casa

a María Sofía Iduate

No volveré a casa
aunque me sangren las manos
de remar en el aire,
hasta que la rabia que apolilla mis años
se postre ante la caída del Pájaro.
Mis pasos seguirán desgarrando el pavimento
en lo absurdo de la rutina.

A falta de alas
tengo los dedos abiertos
como ramas de verjas
y la mirada mordiendo
el filo del horizonte.
Persisto, sin embargo
en cada día hacer inventario de mis muertos.
El sexo,
también insomne,
se ha anclado a esta ciudad.

Lo han previsto los dioses:
no regresaré a casa
hasta que la rabia de los años borre mis pasos.

Hoy quiero mar

Ni ventanas ni paredes,
solo el borde imposible del horizonte,
y el olor lejano de una isla que muere.

Camino a la gloria

En cada niño y en cada anciano que mataron
muero.

Yevgueni Yevtushenko

Dices que vas camino a la gloria
y calzas tu sonrisa de domingo,
de cordero de Dios que *quitora pecata mundi*,
mientras cruzas fronteras
con los brazos apuntando al norte.
En tu cabeza
el sol dibuja un halo de sudor
porque la palma de la victoria
solo sirve de manto en el desierto
y en los altares escasean el pan y el vino.

En la crueldad de la llanura
braman los cráneos en la tarde
y la mirada vacía de una niña
se alinea a sus gritos
que no hicieron mella en el silencio.

Seguir adelante es lo que importa:
no intentes caer,
te devoraría el monstruoso tren o la arena.
Abre en dos las aguas,
que, con un poco de suerte,
tu imagen maniatada
atosigará las primicias del noticiero.

Le voyage de St. Louis

a la memoria de los pasajeros del buque St. Louis

Un paraíso de sombras parte de tierra bárbara
una barca dorada donde la música
arremete dulcemente contra el aparente ocio
contra el salitre y el miedo de los pasajeros.
Hay manteles blancos,
meseros amables que disimulan la lástima,
la retorcida piedad de una libertad que es condena.
El resto del pueblo elegido ha emprendido su Cuaresma
ajeno a la profecía nacida en el *Kristalnacht*.
Un ángel dirige la barca,
se empeña en aguar los fuegos del averno que atrás quedan
y guía con fuerza a la tierra prometida de palmeras y mangos.

Ay mi Habana, que te creía persona,
me cantaba mi abuela tu santa tolerancia,
¿qué bilis gris de tus entrañas has servido a tus huéspedes?
¿Qué hedor de babas de tus gobernantes arrojaste a la bahía?
¿Fue el trueno del Dios del norte o la sordidez de unos cuantos?
Pusiste un precio a la vida: 500 arrugados pesos.
Cerraste tu puerto y quizás esta hubiese sido tu salvación.

Una sombra del paraíso regresa a tierra bárbara.
Los que le ven pasar cierran la ventana:
no son tiempos para la piedad,
solo se ha de pensar en proteger al vástago en la cuna.
El mar no les niega el asilo

44

a las almas que se lanzan por la borda.
Una luz de esperanza,
el tan esperado mensaje retumba en la jaula de oro: ¡santuario!
Solo es un espejismo en el crudo océano:
los que tocaron tierra
fueron crucificados en la esvástica.

Al borde de la frontera

Estamparon el número de la bestia en tu frente
una grotesca grafía en tinta digital,
como un cuadro del Bosco,
miras tus dedos negros
y las huellas que ahora te definen,
el nombre que trajo ilusión en el vientre de tu madre
caduca y se diluye.

Esperas el veredicto,
en tu mente andas tejiendo un manto,
algo que te proteja y que no deshilen en la noche
porque no estás en un palacio.
Sabes que no regresará jamás el Rey
y los viandantes andan a cargo,
nada los detiene,
ni los baladros de los cientos de Telémaco.

La caricia de una voz suave en medio del filo de los gritos
desaparece con el chorro de la ducha helada,
la ropa unitaria camuflando el ego.
Llueven las preguntas
y tu mente solo piensa en el olor del pan fresco
que alguien ha olvidado partir.

El sueño de la libertad es ahora una oscura pradera
y no convida.
De golpe, comprendes las disparidades de vivir

con tus escasos años.
Tus sueños y la suerte te han hecho una mala jugada,
una broma que ha arañado tu orgullo.

.

De trenes

El tren huye sin prisa
y sabes que no lo verás nuevamente
porque los trenes andan muriendo
cuando abandonan el andén.
No es tiempo de viajar perdiéndose entre ensueños y paisajes;
los trenes se van llevando el polvo en sus lomos y el adiós de
    los pañuelos
esparciendo a su paso los amores que no acaban,
los ojos que hurgaron los escondites de tu piel,
la mano que hizo brotar fuego.
El tren se pierde en el horizonte
mientras el puño se hace un nudo a la altura del corazón.

Manifiesto

Eres tan solo un sueño, una imagen, solo un
anhelo eres.

Adam Zagajewski

Soy un vencedor,
repito como un mantra.
He sobrevivido al filo de las olas:
el mar desangraba cientos de Ulises que no vieron Ítaca
pero yo tomé el atajo abriendo el mar en dos,
lo aprendí de mi abuela que cortaba las naranjas sobre el
    dorso de una biblia.
También escapé de los campos de Siberia,
ayudado por el fantasma de Mandelstam
–que rogaba: Ocúltate tras las lenguas de los ahorcados.
Seguí el camino refulgente hacia ciudad Esmeralda,
los compañeros de viajes se van desvaneciendo,
han perdido la ruta o devorados por algún minotauro.
Les arrojo una soga, y mis manos, hasta mis ojos
pero es cerrada la noche.
Sigo a la cabeza de mi marcha,
nadie me adelanta;
mi padre quedó en casa en su tumba de sueros.
Cuando encuentro un amor entre los arbustos,
le espanto cual mosca.
Sí, soy un vencedor en medio del mar,
en medio del frío del bosque,
huérfano de manos extendidas y palmadas al hombro.

Soy la rabia que se ha enfriado con los años,
y destrozo fotos viejas,
porque he de ser invicto
transparente,
como aquel planeta que no existió hasta que le nombraron.

III.

La voz del Eros

Recordando a Midas

Los cuchillos de la rabia se triplican
junto a las mentiras.
Descubres que el amor y el consuelo son maleables,
intentas proyectar tu sombra
y el espejo no refleja líneas rectas.
Toca abrir una brecha profunda y gritar:
gritar,
aunque después los arboles susurren tus secretos
en el viento de la tarde.

Error

La mirada palpa cuidadosamente el blanco del techo,
a tus pies pulsa un cuerpo ajeno
se enrosca a tu pierna con los estertores de un orgasmo,
no cambias la vista,
su respiración rasga el silencio,
descubres la diminuta mariposa en la tela de araña,
no puedes evitar pensar en la paloma, el hábito de una virgen,
    el lirio,
pero dos mil años de fe solo avivan las dudas.

Una mano busca la caricia que se extinguió junto al derrame,
(no debías haber respondido el teléfono),
e inviertes en tu garganta un grito mientras cuentas telarañas.

Consecuencias

A Ernesto, el manzanillero

La rabia ha triunfado,
ha impuesto su áspera voz y cortado el tiempo a la mitad,
los planes, las palabras redondas y brillantes
y están las gavetas llenas de miedos.
Quieres tachar los minutos en que pronunciaste el fallo,
pero te tiemblan las manos,
caen al piso los intentos,
sollozas en las sombras;
luego te despiertas a la hora precisa,
el disfraz, la taza de café amargo,
esgrimes el claxon con destreza
mientras sueñas con una carretera solitaria adornando un
        paisaje,
las bromas, un cliente apuesto, el ceño fruncido de tu jefe,
juegas a ignorar a todos en el gimnasio,
la hora espantosa del regreso,
la casa es un cuenco roto de agua,
maldices despacio la rabia,
la lengua incontenida,
los años de hablar contigo mismo
mientras calientas arrimando un té humeante
el frío de tus manos.

Erotic haiku

Se abre la boca,
bebe la blanca savia,
muerte del tallo.

Safo

Refrescaste mi pecho que ardía de deseo.

Safo

Hay un sabor ambiguamente dulce
en mi café de tarde con Safo,
un olor a mariposas en las sienes,
a niña que repasa los bosques de Lesbos
amotinando flores para sus hombres,
para sus discípulas.

Confirmas toda sospecha
e invitas como tú,
desde el Léucade,
a gritarle al mundo el color de tu sexo.

Siempre el derrumbe

Siempre el derrumbe y la espera:
con la misma mansedumbre tatuada en los ojos,
le temblaba la vida a mi voz.
Ensartaba palabras triviales
mientras su sombra se escurría por mis pensamientos;
lamía mis manos con las suyas,
como cachorro que extraña a la madre,
y me dio una pena honda como el infierno,
un ahogo de ternura sin bordes.
Entre gemidos de animal herido
restregué mi cuerpo contra sus esperanzas
para borrar el olor de otras pieles.
Y sentí asco de mi asco.
Otros ojos de cachorro aguardan en casa,
otro cuerpo roto se frota
contra mi indiferencia cada noche.

Fractura

A mi amigo Yeixel

Ha muerto de mal de pesares,
fractura de corazón por veredicto.
Una jarra llena de remedios arcanos
reposa en la mesa de noche
inútil a quien escapa del horizonte.
La mañana va perdiendo su batalla frente al *rigor mortis*,
la sonrisa se hiela en un marco florentino
–el mismo cuadro que tanto repasamos
en la sala de su enfermiza casa.
El camino ha sido el de un dios,
un eros sin brazos,
envejecido,
un sollozo apagado que entorna la ventana.

Haiku del desamor

Amarte,
me tocas cual vieja arpa,
odiarte.

XXXV

El vacío en el corazón clama por un milagro
unas gotas de lluvia que castren soledades
dedos tersos para recorrer sus valles
y un amor de Gaula para un ego desvencijado.

Furtivos amantes

Llegan,
con el inevitable gozo del día,
coreando un dogma delicado
que seduce a las aves.

Posan la trenza de su abrazo
en los picos, en las plumas,
en las curvas y sus nalgas.

Y la lengua zafa con destreza los botones a la soledad.

Vienen luego las manos,
hacen brotar blancas gotas de la llaga,
el jadeo de la boca que implora.

Las promesas, los espasmos, la palabra caída.

Con el irrevocable pavor de la tarde,
entonan un réquiem despiadado
mientras las aves mudan el canto.
Marchan a otras tierras
donde puedan ser Mesías
y otras curvas, otras nalgas
les veneren en la noche.

Muchacho de silencios

al eterno Ricardo Dauville

Muchacho de silencios no definidos,
eres una roca:
un meteorito depuesto,
el pedazo de un mundo prístino
en medio del fango.
Arrojas esquirlas en la marcha solitaria
y en tu carne se adosa el amigo efímero,
el amor desechable de cada surgidero
y el inefable abrazo de despedida.

Llevas aún la pulpa fresca en tu centro,
ardiente como núcleo de planeta.
Las manos, no hay manos,
solo unos ojos miopes muy abiertos a la nada.
El que llega demanda
y no hay tiempo para el agobio,
la tristeza no está hecha para la piedra.

Alzas los ojos en la noche.
Mientras los meteoritos se desangran en la atmósfera,
giran lejos los otros planetas.

Herejía

En el borde de la infancia amé a un dios.
Ahora amo la cruz de unas espaldas
y cambio de credo, de espaldas, de dios.

Canto de Pandora

Pero nada de él se irá contigo.

Delfín Prats

Las ideas se agitan hoy nerviosamente.
Son jirones de bandera en el mástil,
pensamiento en cepo que mutilan
la mansa mirada y el sueño,
especialmente al sueño.
Intento poner orden en mis gavetas
pero todo se diluye y retorna a la masa,
a su estado inicial de caos.
Salgo al jardín, cavo una trinchera con las uñas,
interpongo un río de lodo y piedras,
una cordillera con perenne nieve,
pero siguen llegando los restos de lo que fuera una ciudad,
la metrópolis que fundamos, como hijos primogénitos de
    Roma,
en medio de este olor amargo,
denso como la muerte.
Hemos osado equivocarnos
y el error sigue parapetado detrás de toda excusa,
esgrime mensajes de textos y emoticonos.
Será que ya no soy digno de tu palabra
por esta manía de mirar a los ojos,
o será la sorpresa desbordada en ellos,
la culpa que se refleja en mis espejos.
La metamorfosis ha sido nevada abrupta

y no atiné a ponerme el manto
al salir despavorido.
¡Gusanillo vistiendo los más bellos colores!
Olvidé que en tu brillo se esconde el veneno
y te has transformado en horrible crisálida.
Pero la noche es siempre fría:
desnudo, soy cuerpo sin mortaja sobre la cruda piedra
y la arena se cuela por la boca abierta del cadáver,
por la nariz y el cuenco de los ojos.
Las arenas del tiempo
dicen que tienen el don de curar las cinco llagas sagradas;
la quinta es una rosa,
atrae a los dedos como abejas que le hurgan para escuchar
    el grito.
Y yo no soy Tomás,
yo creí en tu primer suspiro en la caída demorada de la tarde.
En un bosque de edificios
tu lágrima rodó por las entrecalles como diamante:
no osé tocarla,
no se desvaneciera como el hielo
quemando la punta del índice,
pero no hubiese perdido los pies en la noche helada.
¿Cómo ahora voy a dar mis torpes y redondos pasos?
Aprenderás de nuevo, sentencian,
que la voluntad es miel para el cielo
y los dioses descenderán de sus cruces y montes para ofrecerte
    el cayado.
Pero la fe es materia que no siempre palpo,
no concibo las trampas de la buena virtud,
porque comí de la mano de los muertos
y no hay fe en sus ojos marchitos como los míos.
«Serás más fuerte»,

pero siempre fui el que hubo que proteger en la camada;
no es mi arte competir por los restos de la presa,
sigo aún husmeando en el borde de la madriguera,
trazando la ciudad clandestina donde no tendrás poder,
ni palabra
y pueda pensar y desenredar las rabias que,
en cajas, llegan de todas partes,
especialmente las de mis muertos,
a veces también las de los tuyos.

Catálogo Bokeh

Abreu, Juan (2017): *El pájaro.* Leiden: Bokeh.

Aguilera, Carlos A. (2016): *Asia Menor.* Leiden: Bokeh.

— (2017): *Teoría del alma china.* Leiden: Bokeh.

Aguilera, Carlos A. & Morejón Arnaiz, Idalia (eds.) (2017): *Escenas del yo flotante. Cuba: escrituras autobiográficas.* Leiden: Bokeh.

Alabau, Magali (2017): *Ir y venir. Poesía reunida 1986-2016.* Leiden: Bokeh.

— (2019): *Mordazas.* Leiden: Bokeh.

Alcides, Rafael (2016): *Nadie.* Leiden: Bokeh.

Andrade, Orlando (2015): *La diáspora (2984).* Leiden: Bokeh.

Armand, Octavio (2016): *Concierto para delinquir.* Leiden: Bokeh.

— (2016): *Horizontes de juguete.* Leiden: Bokeh.

— (2016): *origami.* Leiden: Bokeh.

— (2019): *El lugar de la mancha.* Leiden: Bokeh.

— (2019): *Superficies.* Leiden: Bokeh.

Aroche, Rito Ramón (2016): *Límites de alcanía.* Leiden: Bokeh.

Blanco, María Elena (2016): *Botín. Antología personal 1986-2016.* Leiden: Bokeh.

Caballero, Atilio (2016): *Rosso lombardo.* Leiden: Bokeh.

— (2018): *Luz de gas.* Leiden: Bokeh.

Calderón, Damaris (2017): *Entresijo.* Leiden: Bokeh.

Castaños, Diana (2019): *Yo sé por qué bala la oveja mansa.* Leiden: Bokeh.

— (2019): *The Price of Being Young.* Leiden: Bokeh.

Columbié, Ena (2019): *Piedra.* Leiden: Bokeh.

Conte, Rafael & Capmany, José M. (2019): *Guerra de razas. Negros contra blancos en Cuba.* Leiden: Bokeh, colección Mal de archivo.

Díaz de Villegas, Néstor (2015): *Buscar la lengua. Poesía reunida 1975-2015*. Leiden: Bokeh.

— (2015): *Cubano, demasiado cubano. Escritos de transvaloración cultural*. Leiden: Bokeh.

— (2017): *Sabbat Gigante. Libro primero: Hojas de Rábano*. Leiden: Bokeh.

— (2018): *Sabbat Gigante. Libro segundo: Saigón*. Leiden: Bokeh.

Díaz Mantilla, Daniel (2016): *El salvaje placer de explorar*. Leiden: Bokeh.

Espinosa, Lizette (2019): *Humo*. Leiden: Bokeh.

Fernández Fe, Gerardo (2015): *La falacia*. Leiden: Bokeh.

— (2015): *Notas al total*. Leiden: Bokeh.

Fernández Larrea, Abel (2015): *Buenos días, Sarajevo*. Leiden: Bokeh.

— (2015): *El fin de la inocencia*. Leiden: Bokeh.

Ferrer, Jorge (2016): *Minimal Bildung. Veintinueve escenas para una novela sobre la inercia y el olvido*. Leiden: Bokeh.

Gala, Marcial (2017): *Un extraño pájaro de ala azul*. Leiden: Bokeh

Galindo, Moisés (2019). *Catarsis*. Leiden: Bokeh.

Garbatzky, Irina (2016): *Casa en el agua*. Leiden: Bokeh.

García, Gelsys (2016): *La Revolución y sus perros*. Leiden: Bokeh.

García, Gelsys (ed.) (2017): *Anuncia Freud a María. Cartografía bíblica del teatro cubano*. Leiden: Bokeh.

García Obregón, Omar (2018): *Fronteras: ¿el azar infinito?* Leiden: Bokeh.

Garrandés, Alberto (2015): *Las nubes en el agua*. Leiden: Bokeh.

Gómez Castellano, Irene (2015): *Natación*. Leiden: Bokeh.

González Nohra, Fernando (2019): *Con sumo placer*. Leiden: Bokeh.

Guerra, Germán (2017); *Nadie ante el espejo*. Leiden: Bokeh.

Gutiérrez Coto, Amauri (2017): *A las puertas de Esmirna*. Leiden: Bokeh.

Harding Davis, Richard (2019): *Notes of a War Correspondent.* Leiden: Bokeh, colección Mal de archivo.

Hernández Busto, Ernesto (2016): *La sombra en el espejo. Versiones japonesas.* Leiden: Bokeh.

— (2016): *Muda.* Leiden: Bokeh.

— (2017): *Inventario de saldos. Ensayos cubanos.* Leiden: Bokeh.

Hondal, Ramón (2019): *Scratch.* Leiden: Bokeh.

Hurtado, Orestes (2016): *El placer y el sereno.* Leiden: Bokeh.

Jesús, Pedro de (2017): *La vida apenas.* Leiden: Bokeh.

Kozer, José (2015): *Bajo este cien.* Leiden: Bokeh.

— (2015): *Principio de realidad.* Leiden: Bokeh.

Lage, Jorge Enrique (2015): *Vultureffect.* Leiden: Bokeh.

Lamar Schweyer, Alberto (2018): *Ensayos sobre poética y política. Edición y prólogo de Gerardo Muñoz.* Leiden: Bokeh, colección Mal de archivo.

Lukić, Neva (2018): *Endless Endings.* Leiden: Bokeh.

Marqués de Armas, Pedro (2015): *Óbitos.* Leiden: Bokeh.

Miranda, Michael H. (2017): *Asilo en Brazos Valley.* Leiden: Bokeh.

Morales, Osdany (2015): *El pasado es un pueblo solitario.* Leiden: Bokeh.

Morejón Arnaiz, Idalia (2019): *Una artista del hombre.* Leiden: Bokeh.

Méndez Alpízar, L. Santiago (2016): *Punto negro.* Leiden: Bokeh.

Padilla, Damián (2016): *Phana.* Leiden: Bokeh.

Pereira, Manuel (2015): *Insolación.* Leiden: Bokeh.

Ponte, Antonio José (2017): *Cuentos de todas partes del Imperio.* Leiden: Bokeh.

— (2018): *Contrabando de sombras.* Leiden: Bokeh.

Portela, Ena Lucía (2016): *El pájaro: pincel y tinta china.* Leiden: Bokeh.

— (2016): *La sombra del caminante.* Leiden: Bokeh.

PÉREZ CINO, Waldo (2015): *Aledaños de partida*. Leiden: Bokeh.

— (2015): *El amolador*. Leiden: Bokeh.

— (2015): *La isla y la tribu*. Leiden: Bokeh.

— (2019): *Apuntes sobre Weyler*. Leiden: Bokeh.

QUINTERO HERENCIA, Juan Carlos (2016): *El cuerpo del milagro*. Leiden: Bokeh.

RODRÍGUEZ, Reina María (2016): *El piano*. Leiden: Bokeh.

— (2018): *Poemas de navidad*. Leiden: Bokeh.

RODRÍGUEZ IGLESIAS, Legna (2015): *Hilo + Hilo*. Leiden: Bokeh.

— (2015): *Las analfabetas*. Leiden: Bokeh.

SAUNDERS, Rogelio (2016): *Crónica del decimotercero*. Leiden: Bokeh.

STARKE, Úrsula (2016): *Prótesis. Escrituras 2007-2015*. Leiden: Bokeh.

SÁNCHEZ MEJÍAS, Rolando (2016): *Mecánica celeste. Cálculo de lindes 1986-2015*. Leiden: Bokeh.

TIMMER, Nanne (2018): *Logopedia*. Leiden: Bokeh.

VALDÉS ZAMORA, Armando (2017): *La siesta de los dioses*. Leiden: Bokeh.

VEGA SEROVA, Anna Lidia (2018): *Anima fatua*. Leiden: Bokeh.

VILLAVERDE, Fernando (2016): *La irresistible caída del muro de Berlín*. Leiden: Bokeh.

— (2016): *Los labios pintados de Diderot*. Leiden: Bokeh.

WILLIAMS, Ramón (2019): *A dónde*. Leiden: Bokeh.

WINTER, Enrique (2016): *Lengua de señas*. Leiden: Bokeh.

WITTNER, Laura (2016): *Jueves, noche. Antología personal 1996-2016*. Leiden: Bokeh.

ZEQUEIRA, Rafael (2017): *El winchester de Durero*. Leiden: Bokeh.